国家出版基金项目
NATIONAL PUBLICATION FOUNDATION

记住乡愁
——留给孩子们的中国民俗文化

刘魁立◎主编

彭书跃◎编著

传统节日辑（二）

本辑主编 林继富

苗族四月八

黑龙江少年儿童出版社

编委会

序

亲爱的小读者们，身为中国人，你们了解中华民族的民俗文化吗？如果有所了解的话，你们又了解多少呢？

或许，你们认为熟知那些过去的事情是大人们的事，我们小孩儿不容易弄懂，也没必要弄懂那些事情。

其实，传统民俗文化的内涵极为丰富，它既不神秘也不深奥，与每个人的关系十分密切，它随时随地围绕在我们身边，贯穿于整个人生的每一天。

中华民族有很多传统节日，每逢节日都有一些传统民俗文化活动，比如端午节吃粽子，听大人们讲屈原为国为民愤投汨罗江的故事；八月中秋望着圆圆的明月，遐想嫦娥奔月、吴刚伐桂的传说，等等。

我国是一个统一的多民族国家，有56个民族，每个民族都有丰富多彩的文化和风俗习惯，这些不同民族的民俗文化共同构筑了中国民俗文化。或许你们听说过藏族长篇史诗《格萨尔王传》

中格萨尔王的英雄气概、蒙古族智慧的化身——巴拉根仓的机智与诙谐、维吾尔族世界闻名的智者——阿凡提的睿智与幽默、壮族歌仙刘三姐的聪慧机敏与歌如泉涌……如果这些你们都有所了解，那就说明你们已经走进了中华民族传统民俗文化的王国。

你们也许看过京剧、木偶戏、皮影戏，看过踩高跷、耍龙灯，欣赏过威风锣鼓，这些都是我们中华民族为世界贡献的艺术珍品。你们或许也欣赏过中国古琴演奏，那是中华文化中的瑰宝。1977年9月5日美国发射的"旅行者1号"探测器上所载的向外太空传达人类声音的金光盘上面，就录制了我国古琴大师管平湖演奏的中国古琴名曲——《流水》。

北京天安门东西两侧设有太庙和社稷坛，那是旧时皇帝举行仪式祭祀祖先和祭祀谷神及土地的地方。另外，在北京城的南北东西四个方位建有天坛、地坛、日坛和月坛，这些地方曾经是皇帝率领百官祭拜天、地、日、月的神圣场所。这些仪式活动说明，我们中国人自古就认为自己是自然的组成部分，因而崇信自然、融入自然，与自然和谐相处。

如今民间仍保存的奉祀关公和妈祖的习俗，则体现了中国人崇尚仁义礼智信、进行自我道德教育的意愿，表达了祈望平安顺达和扶危救困的诉求。

小读者们，你们养过蚕宝宝吗？原产于中国的蚕，真称得上伟大的小生物。蚕宝宝的一生从芝麻粒儿大小的蚕卵算起，中间经历蚁蚕、蚕宝宝、结茧吐丝等过程，到破茧成蛾结束，总共四十余天，却能为我们贡献约一千米长的蚕丝。我国历史悠久的养蚕、丝绸织绣技术自西汉"丝绸之路"诞生那天起就成为东方文明的传播者和象征，为促进人类文明的发展做出了不可磨灭的贡献！

小读者们，你们到过烧造瓷器的窑口，见过工匠师傅们拉坯、上釉、烧窑吗？中国是瓷器的故乡，我们的陶瓷技艺同样为人类文明的发展做出了巨大贡献！中国的英文国名"China"，就是由英文"china"（瓷器）一词转义而来的。

中国的历法、二十四节气、珠算、中医知识体系，都是中华民族传统文化宝库中的珍品。

让我们深感骄傲的中国传统民俗文化博大精深、丰富多彩，课本中的内容是难以囊括的。每向这个领域多迈进一步，你们对历史的认知、对人生的感悟、对生活的热爱与奋斗就会更进一分。

作为中国人，无论你身在何处，那与生俱来的充满民族文化DNA的血液将伴随你的一生，乡音难改，乡情难忘，乡愁恒久。这是你的根，这是你的魂，这种民族文化的传统体现在你身上，是你身份的标识，也是我们作为中国人彼此认同的依据，它作为一种凝聚的力量，把我们整个中华民族大家庭紧紧地联系在一起。

《记住乡愁——留给孩子们的中国民俗文化》丛书，为小读者们全面介绍了传统民俗文化的丰富内容：包括民间史诗传说故事、传统民间节日、民间信仰、礼仪习俗、民间游戏、中国古代建筑技艺、民间手工艺……

各辑的主编、各册的作者，都是相关领域的专家。他们以适合儿童的文笔，选配大量图片，简约精当地介绍每一个专题，希望小读者们读来兴趣盎然、收获颇丰。

在你们阅读的过程中，也许你们的长辈会向你们说起他们曾经的往事，讲讲他们的"乡愁"。那时，你们也许会觉得生活充满了意趣。希望这套丛书能使你们更加珍爱中国的传统民俗文化，让你们为生为中国人而自豪，长大后为中华民族的伟大复兴做出自己的贡献！

亲爱的小读者们，祝你们健康快乐！

二〇一七年十二月

目 录

「四月八」是多个民族的传统节日

｜"四月八"是多个民族的传统节日｜

农历四月是中国的春耕时节，老百姓插秧播种，格外忙碌。人们期望接下来的日子风调雨顺、五谷丰登，还有在经历了长时间的农活之后要歇息一下，于是选择四月初八作为特定的日子，祭祀祈祷、修整农具、调节身心。久而久之，就形成了"四月八"。在这个节日里，人们放下手中的农活，穿上民族的盛装，载歌载舞，表达快乐的心情和对未来美好生活的期盼。

｜依山而建的苗寨｜

那么，我国有哪些民族过"四月八"呢？

生活在甘肃、贵州、广东、湖南西部、广西北部的苗、布依、侗、瑶、壮、彝、土家、仫佬、仡佬等民族，他们靠山而居，大多从事农业生产，"四月八"是这些民族的传统节日，但是不同地方、不同民族的"四月八"又有着不同名称和过法。

侗族称"四月八"为"牛王节"，侗语叫"脱生尼"，意为"牛的生日"，又叫"牛王会"，意为"为牛生口会餐"。这一天各家的妇女都在家里为牛煮白米饭，炒油茶，条件好的还要煮鸡蛋供牛食用，在春耕之前对它进行犒劳。

布依族的"四月八"是纪念耕牛的节日，在贵州罗甸等地叫"牛王节"，镇宁扁担山一带称为"牧童节"，安龙、兴义地区则称"开秧节"。这一天，家家要吃"牛王粑"和糯米饭，并用糯米饭或糯米粑喂耕牛。

壮族的"四月八"称为"牛魂节"，又叫"脱轭节"，流行于广西北部龙胜一带壮族山村。这一天，人放犁，牛脱轭，主人家要用自己新酿制的甜酒和用植物汁液染成的五色糯米饭来喂牛；还要清扫牛栏，给牛洗刷身体，同时，还要敲鼓助兴。

仫佬族称"四月八"为"牛诞节"。在广西罗城，这一天，无论农活多么忙，都要给牛放假休息。家家户户把牛洗得干干净净，将牛栏清扫干净，还要在大门插上枫树枝，以驱赶蚊蝇。并杀鸡、鸭，备酒肉祭"牛栏神"，做黑糯米饭祭祖先。

土家族的"四月八"是祭祀牛王的节日。这一天，土家山寨杀猪、宰羊、打粑粑，亲朋好友都被请来过节，十分隆重。节日期间，耕牛休息，人们将犁耙挂起，还要给牛煮饭、喂鸡蛋，并用土家语唱《祝牛王词》。

所有过"四月八"的兄弟民族中，苗族的"四月八"历史最为悠久、内容丰富、场面盛大、影响广泛。

苗族是一个人口众多的民族，总人口数在我国少数民族中排名第四。据说苗族先民最先居住于黄河中下游地区，其祖先是蚩尤，"三苗"时迁移至江汉平原，后因战争、生活等原因，逐渐向南、向西迁徙，进入西南山区和云贵高原生活。历史上，苗族经历过多次迁徙，形成了

| "四月八"中美不胜收的苗族银饰 |

众多的支系，比如按服饰色彩，有"红苗""花苗""青苗""白苗"之分；按服装的款式，有"锅圈苗""披袍仡佬""剪头仡佬"之分；按居住地，有"东苗""西苗""平伐苗""八番苗""清江苗"之分；按汉化程度，有"生苗""熟苗"的区别。如今，苗族主要分布于中国的黔、湘、鄂、川、滇、桂、琼等省区。

| 美丽的苗族头饰 |

「四月八」从何而来

|"四月八"从何而来|

苗族"四月八"是湖南、贵州、广西等地苗族老百姓的传统节日。每年农历四月初八,当地的老百姓聚集一处,举行各种节日活动。早期这些活动中最引人注目的是对于苗族英雄的纪念,英雄们的事迹大多保存在当地的民间传说故事和歌谣中。在这些故事和歌谣中,既有民族首领格波绿、亚努,也有青年后生亚宜、祖德龙,他们为了保护老百姓的利益,奋力抵御恶势力的入侵,乃至牺牲生命。这段血与火的历史也体现在当地的一些地名上,如湘西凤凰境内就有"喝血坳"(喝血酒的地方)、宗存雄(埋葬战死者的地方)"果得几打"(战场)

|"四月八"活动中苗族法师祭祀英雄|

等等。因此，每年的"四月八"这一天，老百姓便用多种方式来纪念他们的功绩，正如《格洛格桑》中唱道：

这支古老的歌啊，
唱完了格波绿，
这支古老的歌啊，
唱完了祖德龙，
苗家的儿女哟，
永远念着祖先，
继承祖先的勤劳，
继承祖辈的勇敢，
用勤劳的双手，

打扮着美好的家园。

苗族"四月八"期间，老百姓还常常讲起"牛王"的故事，这些故事和苗族的农耕生活紧密相关。故事中，天神在四月初八下凡变成耕牛，造福苗族老百姓，人们感念耕牛的恩德，也为了一年的农活生计，便设定这一天为节日。因为每年农历四月都是农活最繁忙的时节，一些农作物要收割，而另一些农作物则要播种。犁田耙

| "四月八"苗族人祭祀、娱乐的场所——苗鼓堂 |

| 苗族法师入场 |

土、护秧保苗都离不开耕牛。所以，在四月初八这一天，苗族老百姓就要给他们心爱的耕牛放一个假。他们解下牛的鼻纤，给它洗澡，除了喂食鲜嫩的草料外，还给耕牛准备节日大餐——香甜的米酒和美味的糯米饭，让牛儿吃饱喝足，痛痛快快地休息一天。

随着时代的发展，社会生活的变化，"四月八"的活动逐渐演变为以歌舞娱乐为主。在节日这一天，如果你来到湘西的花垣、凤凰一带，就能看到湘西苗族各村寨的唱歌能手都来到节日的举办地，大伙儿你唱一句我

| "四月八"苗族姑娘载歌载舞 |

| 苗族小伙子欢庆"四月八" |

| "四月八"苗族人准备鼓表演 |

和一句，互相比试起来，看看谁的歌儿唱得更好、唱得更动听，最后取胜的歌手在大伙的鼓掌声、欢呼声中吹响喇叭，以示大获全胜。人们都在这一天穿上花色鲜艳的新衣服，表达对富足、美好生活的期盼。这一天若是天气晴好，人们便扶老携幼出门踏青游玩，有站着的、坐着的、蹲着的或干脆躺下来晒太阳的，享受节日的美好时光。随着人们的生活越来越好，"四月八"的欢乐气氛更加浓厚。如1982年湘西吉首市的"四月八"就盛况空前。白天的时候，大伙儿参加丰富多彩的节日活动，有跳花舞、上刀梯、盾牌舞、团圆舞、花鼓舞、芦笙舞、苗歌对唱、狮子跳桌、唢呐表演、木叶独奏，还有民间武功的拳、刀、棍术等；夜晚，五彩缤纷的花炮和烟火映亮了天空，地上是堆堆篝火和载歌载舞的人群。

| "四月八"苗族妇女穿上漂亮的苗族服饰 |

苗族的"四月八"，由对英雄的纪念、对"牛王"的感恩最后变成了欢乐的节日。在欢乐的节日氛围中，帅气的苗族阿哥和美丽的苗族阿妹约定时间地点，等着向自己心爱的人儿表达爱意。只见小伙子们吹着芦笙、洞箫、笛子，跳起芦笙舞，寻找着自己心爱的姑娘。姑娘们身穿精心刺绣的衣裙，佩戴夺目的银项圈等饰物，打扮得十分漂亮，等待着意中人的到来。找到各自的意中人后，他们就唱起婉转动听的苗族情歌，以此试探、了解对方，表达心中的浓情蜜意。于是，苗族"四月八"又成了当地苗族青年男女的相亲大会。

由此可见，不管是英雄的传说、"牛王"的故事，还是约会的歌舞，"四月八"都与当地老百姓的生活紧密联系在一起。在节日期间苗族老百姓要喝最好的酒、唱最美的歌、跳最快乐的舞蹈。大伙儿在这个节日中变得更加亲切，人人都成了好朋友。节日结束后，这些场景又成为每个人脑海里美好、温暖而又活生生的记忆。

「四月八」中的传说

| "四月八"中的传说 |

当一个外乡人去苗寨参加"四月八"时，在活动开始之前，他可以坐下来听听当地苗族老阿妈口里的"四月八"传说，这里面有受人尊敬的牛王和英勇抗敌的英雄。

一、"牛王"的传说

在苗族老百姓生活的地区，普遍存在着 "牛王"祭祀的习俗，"牛王"的传说在这些地区广泛流传：贵州的六枝、安顺、紫云一带的苗族"四月八"祭牛王，叫"牛王节"；贵州的麻江苗族"四月八"敬牛王菩萨；贵州的贵阳、龙里、平坝等地的苗族主要纪念苗族

英雄，同时也敬牛王；贵州的松桃和湘西地区的苗族有"金牛"的传说，"四月八"要祭祀"金牛"，又称为"金牛节"。由此可见，在苗族"四月八"的节日中，耕牛是一个必不可少的角色，人们敬仰牛王，爱护耕牛，讲牛王的故事，这些都与苗族老百姓的农耕生活和文化息息相关。苗族老百姓世世代代主要以种水稻为生，并且苗族地区山高地少，一年到头，人们辛苦劳作只能勉强维持温饱。这就使人们更加依赖耕牛，人与耕牛的关系也变得十分亲密。所以在"四月八"，人们围绕耕牛举办各

| 壁画中的牛王节 |

种节日活动，讲各种"牛王"的故事，老百姓感念"牛王"的恩德，表达美好的愿望。

那么牛是怎么来的呢？我们看看下面这个传说：

相传太古的时候，天王派太子向人类传话："你们一天洗三次脸，吃一顿饭。"哪晓得太子半路上把原话给忘了，误传成："你们一天吃三顿饭，洗一次脸。"随着人口的不断增加，粮食不够吃了，就闹到了天上。天王对太子说："是你把话说错了，现在人间闹饥荒，搅得上面不得安宁，只有让你到下面变牛给人们拉犁，帮助他们劳动。顺便给你带些书去看，以后每到农历四月初八，你就回到天界来休息一天。"于是，太子就下凡去做牛。他在下凡的途中，不小心把书吞进了肚子里。所以，现在的牛要反反复复地咀嚼食物。太子无话可说，开始帮助人们耕田犁土种庄稼。太子牛的角上每年都长一道年纹，太子牛吃草后可以反刍，长了虮子也有八哥鸟来帮忙捉吃。由于太子牛一心帮助老百姓干活，常常忘记归返天庭看望亲人。人间因为有了牛的帮助，粮食增产，不再闹饥荒。

传说中耕牛是天神下凡而来，这不正说出了老百姓的心里话吗？俗话说"靠天吃饭""风调雨顺"才能"五谷丰登"。在老百姓的心里，耕田种稻是依靠老天爷的恩赐，既然阳光雨露是从天而降，那么"牛王"当然也可以从天而降，造福百姓。耕牛勤勤恳恳、吃苦耐劳，成

｜节日中戴在头上的牛头银饰｜

为农业生产中人们重要的帮手，帮助人们获得粮食的丰收，也成为人们过上美好生活的保证。

耕牛如此重要，在日常生活中，它是人们亲密的伙伴。在传说中，它被老百姓奉为神仙，成为人们怀念、敬仰和供奉的对象，在它身上也寄托了人们对美好生活的期盼。四月初八，传说中"牛王"下凡的这一天，也因此变得神圣、重要起来，成为专门祭祀"牛王"的日子。

二、"英雄"的传说

苗族人民历来爱好自由，为了争取本民族的自由，

保卫民族利益，他们不畏强暴、勇于斗争，与各种外来的封建压迫势力进行艰苦卓绝的斗争。苗族的历史可以说是一部反抗的历史、斗争的历史和战争的历史，这段历史不仅留在人们的口头传说中，也留下了大量的历史遗迹。假如你去湖南省凤凰县旅游的话，就可以在一个名叫阿拉营的地方看到一段被人们称为"南方长城"的古代石头长城。有关资料这样记载此段长城的由来：自古以来湘西、黔东北腊尔山地区是苗族聚居区，社会经济发展比较落后，唐、宋时期被视为"羁縻蛮地"（野蛮人居住的地方）。到了明代，为了加强封建统治，封建统治者特别建造了一条长达三百六十余里的边墙，将

| 见证历史中血与火的凤凰县"南方长城" |

这一地区与外界的汉族隔离开来。封建统治者通过长城将苗族人民与外界隔离开来，对其严密管控。这种压迫和侵害到了清代中期更是达到了无以复加的程度：书上记载清王朝在康熙后期，特别是雍正时期，采用强制手段，在湘西、黔东北苗族地区大规模推行"改土归流"政策，先后设置营、汛、府、州、厅、县，大批满、汉文武官吏、地主和商人接踵而至，肆无忌惮地掠夺苗族人民的土地和财物，到乾隆中期以后，这种掠夺更加残酷。封建政府的赋税、劳役，再加上地主、商人的盘剥，苗族老百姓饥寒交迫，难以生存。为了自由和生存，苗族老百姓不畏统治者的血腥镇压，发起了一次又一次的反

| 苗族反抗封建统治者的起义领袖张秀眉像 |

抗斗争，这些斗争的激烈和残酷程度我们可以在一些历史书籍中看到。当时一个叫俞益谟的官老爷在一份告示中恶狠狠地宣称：如果苗民胆敢反抗，他将领兵前来，要把寨子里的大人都杀死，小孩子都抓走，毁掉田地房

| "四月八"苗族民众为纪念英雄亚宜举行"跳花"活动 |

苗族老百姓历来受压迫的事实和他们勇于反抗、英勇不屈的精神。今天,苗族人用讲故事的方式来反映本民族和封建统治者之间的战争事件,以此纪念英勇的英雄、传承不屈的精神。

屋,连鸡鸭猪狗都不放过,苗寨里面的每个人都别想逃生。

传说中讲到了哪些英雄呢?

| 民间绘画中的苗族反抗封建统治者的战争 |

英雄的事迹和历史书籍记载的事件都真实反映了

在《四月八的来历》一书中讲到了格波绿的事迹:

很早以前,贵阳叫黑洋大箐,苗家称格洛格桑。最

早住在格洛格桑的，是一个叫格波绿的苗族老人。他腰圆臂粗力气大，为人耿直勤劳，成天带领儿孙们在宅吉坝开田，在螺蛳山种地，庄稼长得很好，年年丰收。那时野生动物常来糟蹋庄稼。

一天晚上，格波绿带着弓箭去看护庄稼。半夜时分，有个黑东西慢慢地爬到地里，格波绿照着黑影开弓射了一箭，把那黑东西射死了。第二天，大伙一看原来是头母猪龙。格波绿叫儿孙们把母

｜传说中的格洛格桑——贵阳市喷水池｜

猪龙抬回去，剥了龙皮，剖开龙肚，掏出一颗红红的龙心。格波绿说不出的欢喜。他曾听老辈人讲：龙心是个宝，放在水里泡，天就下大雪。他把龙心收藏好，割下龙肉煮给众儿孙吃。吃了龙肉，格波绿对儿孙们说："这回除了害，庄稼更旺了，我们的日子会更好。"说完，他带领儿孙们在嘉坝西开了个跳花场，让后生、姑娘们到花场跳舞唱歌，庆丰收，找情侣。

有一年，格波绿用谷穗编成蓑衣披在身上，拿小米穗穿成斗笠戴在头上，到河都雾去串寨。河都雾的人见了，个个"啧啧啧"地夸赞。有个老者问他："格波绿，你住的地方很富裕吧？"格波绿回答说："在格洛格桑，

猫喝白米汤，狗吃白米饭，人们的日子赛蜂糖。"这几句话传进了河都雾头人胡丈郎的耳朵里，他很眼红，暗自到格洛格桑来看，果然是田坝宽广，土地肥沃，庄稼茂盛，家家富足。他愈看愈眼红，一心想抢占格洛格桑，就回去带着人马，扛着梭标、弓箭来攻打格洛格桑。

格波绿得到消息，急忙把龙心放在水缸里，天上立刻下了七天七夜大雪，冻死了胡丈郎的好多人马，保住了格洛格桑。

后来，胡丈郎打探到格波绿有颗龙心宝贝，就装成一个货郎客，挑着绣花针和各色丝线，到格洛格桑做生意，想看龙心宝贝是真是假。胡丈郎来到格波绿的家门口，正巧格波绿走亲戚去了。

他的两个女儿妮娜和妮娥出来买针线，胡丈郎笑嘻嘻地挑好的给她们，她们很感谢。胡丈郎又笑嘻嘻地说："不谢啰！只要能看一眼你家的龙心宝贝就心满意足啦。"妮娜和妮娥年轻不懂事，拿出了龙心，胡丈郎一看样子像棕包的龙心真是个宝贝，心里暗暗高兴，还了龙心，生意也不做了，挑着货郎担就走了。

过了一年，胡丈郎找了个棕包，藏在袖子里，还装扮成一个货郎客，挑着绣花针和各色丝线，来到格洛格桑。妮娜和妮娥出来买针线，胡丈郎又笑嘻嘻地问："你阿爹在家吗？"她们说："今早刚到舅舅家去了。"胡丈郎为她们挑好了针线，姊妹俩不停地道谢。胡丈郎又笑嘻嘻地说："不谢啦！只是想再看看你家的龙心宝贝就心满意足了。"姊妹俩又拿出了龙心，胡丈郎翻来覆去地看了又看，趁姊妹俩争着看红丝线不注意的时候，他急忙用棕包换了龙心，又笑嘻嘻地对姊妹俩说："还你们吧，看够喽！"说完，挑着货郎担，急急忙忙回河都雾去了。

胡丈郎骗得了龙心，带着人马，扛着梭标，拿着弓箭，又来攻打格洛格桑。格波绿得到信息，急忙把"龙心"放进水缸里。这回天上不仅没有下大雪，反倒出了七天大太阳。格波绿见势头不对，匆匆忙忙把儿孙们集合起来，抵挡胡丈郎。双方打了三天三夜，打得天昏地暗。胡丈郎因有准备，他的人马愈打愈多。格波绿眼看抵挡不住了，就叫儿孙们带着所有男女老少，先退到坡坝沟去，他在后边打掩护。

又打了一天一夜，格波绿估计儿孙们撤完了，自己才边打边走。走到嘉坝西的地方，不幸中了一箭，滚下马来，死了。这天正是四月初八，跟随他的几个后生匆匆忙忙把他就地埋葬以后，冲出重围，也退到坡坝沟去了。胡丈郎从此侵占了格洛格桑。

在这个传说中，我们看到格波绿是一个能干的农民，他勤劳、朴实、勇敢，带着人们开田种地，创建了自己的家园。当人们遇到危险，他能勇敢站出来。怪物糟蹋粮食，他用弓箭射死了母猪龙，为老百姓除去了一

害。但他又有缺点，爱慕虚荣、炫耀财富，给老百姓招来灾祸。第一次，胡丈郎率人马来夺格洛格桑，他用宝物保住了家园；第二次，胡丈郎再次来侵犯，宝物失灵，他聚集儿孙们奋起反抗，但最后还是失败了。这说明格波绿具有英雄的基本品格，但身上还有很多致命的弱点。

然后，人们继续讲祖德龙的故事：

苗家逃到坡坝沟以后，又在那里开田种地，建立家园。过了九年，苗家又出了个能干的后生，名叫祖德龙，他个头大，力气过人，两头牛打架，他可以拉着它们的犄角，把它们分开。祖德龙还学了一身好武艺。这些年来，侵占格洛格桑的胡丈郎得寸进尺，经常差人到

苗家寨催索粮款，把苗家搅得鸡犬不宁。祖德龙心里很气愤，自言自语地说："你胡丈郎侵占了我苗家的格洛格桑还不甘心，又经常差人来祸害苗家，搜刮苗家的血汗，实在太可恶了！"一天，祖德龙和众寨老商量说："我们去把侵占格洛格桑的那窝'猪崽'杀光算了，免得他们经常来祸害我们！"大家听了，都很赞成，就连更赶夜做弓箭，磨梭标。一切准备停当，祖德龙又和寨老们商量收复格洛格桑的办法。当时商定：祖德龙带着一部分人马攻打北门，由榜构劳带着另一部分人马攻打南门，约定两路人马打到嘉坝西会合。

｜昔日战争场所变成节日狂欢的中心｜

四月初七这天半夜，两路人马悄悄出寨。祖德龙很勇猛，天亮时就攻破了北门，几下就杀到了嘉坝西，杀死了河都雾的几个小头目和兵马。但南门那边却没有动静。祖德龙又带领人马，冲到南门一看，只见榜构劳正坐在一家酒馆里，喝得醉醺醺的，让胡丈郎逃脱了。祖德龙很生气，正想说榜构劳几句。这时，胡丈郎晓得榜构劳喝醉了，又重整人马，杀了个回马枪。祖德龙遭到突然袭击，抵挡不住，带领大家边打边退。可是，刚走没几步，榜构劳就被乱箭射死了。看势头不对，祖德龙放下榜构劳的尸体，叫后生们抬着先撤回坡坝沟去，自己打掩护。等后生们撤完了以后，祖德龙才边打边撤。当他退到嘉坝西时，连中了三箭，他咬紧牙关，拉满弓，射了最后一箭，射中了胡丈郎的左眼。祖德龙负伤而死。那天，也正是四月初八。

祖德龙死后，没有倒地，瞪着两只大眼，威武地站在那里。胡丈郎中了一箭，赶忙退出南门。他听说祖德龙死了，才敢带着人马慢慢地逼近嘉坝西。当他们看到祖德龙那威武的神态时，没有一个敢上前去，只是远远地向他放箭。一直过了三年，箭矢钉满了祖德龙的臂膀和胸膛，他还是挺立不动。后来蚂蚁蛀空了他的身躯，他才倒卧在地上。

传说中祖德龙与格波绿的关系十分密切，有人说祖德龙是格波绿寨子里年轻的后生，有人说他是格波绿的女婿，还有人说他是格波绿手下的大将。在所有的传说中，祖德龙总是与格波绿一起出现，与老英雄相比，年轻的英雄有着自己的特点。

祖德龙年轻、勇猛，力量更大，本领更高。为了表现祖德龙的勇猛，很多传说中还讲到了他"杀虎"的故事：祖德龙手持宝剑，走到绣楼，老虎正在喝血，他手起剑落，几剑就把老虎刺死了。

祖德龙具有更强烈的反抗精神，反抗的决心更大，也更彻底。这当然是恶势力不断压迫所造成的。他也更有智慧，在对抗恶势力的战斗中开始运用谋略。这说明祖德龙已经由一个农民英雄成长为讲究谋略的将领。

从故事中我们可以看到，新老两个英雄有很大不同。格波绿是一位农民英雄，他离不开土地，他首要的责任还是耕田种地，只有当赖以生存的土地遭受侵略的时候他才奋起反抗，成长为一位战斗英雄。在战争中，格波绿取胜的关键法宝是"龙心"，法宝一旦被敌人骗走就直接造成了他的失败。祖德龙完全不同于格波绿。在战斗中，他所凭借的不再是不可靠的法宝，而是自己的智慧和谋略，他已经成为一个战斗英雄。格波绿的失败在于他不善于谋略，又过于依靠法宝，是自身缺点造成的。而祖德龙的失败是由于对战斗盟友过于相信，战斗中一个环节的失误造成了"满盘皆输"的局面。

| "四月八"跳花 |

接下来，我们看另一位苗族英雄——亚宜，人们在《苗族"四月八"》中讲道：

很久以前，姑娘和后生们在跳花坪上唱得正欢，舞得正酣。突然，闯来一群挎刀的官家打手，砍倒了上前阻拦的后生，抢走了如花似玉的姑娘。年复一年，苗家的血泪洒满了跳花坪。金凤寨一个名叫亚宜的后生邀了一帮有血性的年轻人在凤凰山上滴血饮酒，发誓要与官家血战到底，为遭难的兄弟姐妹报仇。那年农历四月初八，乡亲们像往年一样，汇聚到跳花坪上打花鼓、唱山歌、跳苗舞。太阳当顶的时候，官家打手们又来"选美进贡"了。突然，一声牛角号响，亚宜带领后生们挥刀舞棍，把打手们杀得七死八伤，丢进了龙塘河。住在凤凰县城里的官家知道后，派了上万兵马前来围剿，杀死了无数的苗家儿女。因此，

现在跳花沟附近还留下了一些纪念性的地名，有喝血酒的"喝血坳"，埋葬死者的"宗存雄"，打仗的"果得几打"等。亚宜同乡亲们在凤凰山下同官兵杀了三天三夜，终因寡不敌众，撤退到贵州，在贵州苗族同胞的支持下继续同官兵奋战。次年，正当湘黔两省边区的苗族人民欢度四月八跳花节时，传来了亚宜战死在贵阳城下的噩耗。乡亲们悲愤交加，就在跳花坪上挥泪举杯，祭祀英雄。雄浑的号角，悲壮的歌声，震荡着欢腾的跳花坪，震荡着苗家儿女的心扉。

在亚宜的传说中，对战争场面讲的不太多，但是出现了很多和战争有关的地名。这些名字都充满血与火的味道，表明亚宜领导的这场战争十分激烈，苗族老百姓的反抗也更加彻底。这就需要领导战争的英雄人物具备更强烈的反抗精神，更高强的本领，更多的谋略。所以，在传说中，亚宜是一个更加成熟、更了不起的英雄。

「四月八」的节日活动

| "四月八"的节日活动 |

作为苗族人民盛大的传统节日，"四月八"包含了丰富的节日活动，这些活动像美丽的花朵一样从苗族人们生活的土壤中汲取养分，茁壮成长，盛开在"四月八"的舞台上。这些活动，按照一定的秩序，有条不紊地进行。在苗族"四月八"的节日中，射背牌、祭牛王、吃黑米饭等是几项主要的活动。

一、射背牌

射背牌活动主要流传于贵州贵阳地区南郊五十公里处的高坡乡。这个地方地势

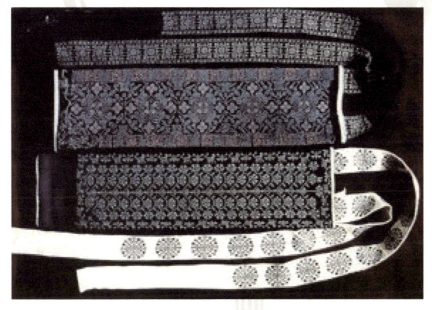

| 贵阳花溪乌当苗族背牌 |

| "四月八"中绚丽多彩的苗族服饰 |

高，东北紧靠龙里县，西南连接惠水县，西北连接花溪区，当地的苗族人民在每年农历十二月至四月初八期间举行射背牌活动。

什么是"背牌"呢？背牌是高坡这个地方苗族女子服饰中必备的物件。在高坡苗族的传统社会里，不论年龄大小，只要是女性都佩戴背牌，否则她就算不上一个高坡苗族女性。背牌又分为黄色和白色两种，其中黄背牌是苗族女性在节日和婚嫁等较为重大场合中佩戴，而白背牌主要是日常生活中佩戴。背牌有大小两块，分别佩戴于身体前后，中间用布带连接。

背牌是怎么来的呢？在民间的传说中，背牌首先是一个印牌。皇帝为了表示对苗族的友好，送给男人一件红袍，送给女人的是印有大红印章的印布。从此以后，苗族男人就穿红袍，女人就披着印布。女人的印布上只有大红印章不好看，就围着大印绣了一圈各式的花纹，这样披起来又好看又醒目。

这个印牌的来源还有其

他一些说法，如有的传说讲印牌来自楚国的王印。在很久很久以前，高坡苗族这支人，住在湖南、湖北那边。他们的祖先一直是楚王的掌印官。后来，楚国与别的国家打仗，大兵压境，眼看都城就要被敌人攻破。此时，楚王下令，叫掌印官带着大印，领着苗家老少，往夜郎方向撤退。撤退途中，掌印官将大印交给妇女们，让她们用花线按照大印的花纹、

| 苗族服饰上的动物纹样 |

图形，绣成大印背牌，背在背上，以免撤退时失落。

也有人说印牌是诸葛亮册封高坡苗族祖先的信物。

据当地一些苗族老人

| "四月八"节日中展示的苗绣 |

｜苗族服饰花纹——绣在衣服上的苗族迁徙历史｜

｜苗族蜡染上的动物｜

讲，在三国时期，蜀汉丞相诸葛亮率兵来到现在的贵州，与苗族的各硐、各寨首领交朋友，要大家共保蜀汉。因孟获不服，双方发生战争。高坡苗族的祖先是一员猛将，打仗最勇敢，诸葛亮很佩服。后来孟获与诸葛亮讲和，双方不再争斗，共同建设苗疆。诸葛亮忘不了高坡苗家祖先的功绩，便封他为将军，赠给他一块四四方方的大金印。

为了保存这些信物，苗族妇女按照印牌的样式，将它绣成了背牌，戴在身上。我们再回过头来看看这些故事，会发现其中很有趣的情节：这种印牌大都来自汉族的封建政府，他们把印牌送给高坡苗族的祖先，于是这群人就有了一个专门的称号。如清朝的时候，将这支佩戴背牌的苗族称为"背牌

| "四月八"中
的舞与乐 |

苗"，而当地苗族人对这一称号也欣然接受。在传说中，"背牌"是以"礼物"的方式赠给苗族祖先，这体现了汉苗两个民族交流过程中友好、和平的一面。

背牌被绣在了苗族女子衣服的后背上，为什么要"射"呢？由谁去"射"呢？怎么"射"呢？"射"中了会怎么样呢？这一系

| 民间剪纸中的射背牌 |

列有趣的问题都等着我们去寻找答案。

其中有一个感人的传说：从前有一男一女，男的叫赞地利，女的叫俄地衣，两个人在生产劳动中相亲相爱，情投意合，但双方父母却为他们各自选好了对象。赞地利和俄地衣经常在爱情坡幽会。双方父母知道了，要拆散他们。赞地利和俄地衣没办法，便相约在四月初八这一天，到爱情坡对天发誓：阳世不能同生，阴间也要同行。接着，俄地衣摆背牌在地上作凭，两人先朝天射三箭发誓。然后，俄地衣拿起背牌让赞地利射，赞地利拿起裙衣给俄地衣射，两人就这样定下了终身。通过这个传说，我们知道"射背牌"是高坡男女青年之间一

| "四月八"节日中的苗族妇女 |

种定情活动，活动中，"背牌"作为女方的爱情信物，男方用弓箭去射，以射中作为定情的标志。最初苗族青年男女是为了反对包办婚姻，追求自由恋爱，才进行"射背牌"的活动的，不过后来慢慢发

| "四月八"中的苗族姑娘 |

| "四月八"中的苗族舞蹈 |

生了变化。

现在的射背牌活动，一般都有四五对以上男女青年参加，年轻人趁此机会寻找自己中意的对象。苗家男女老少身穿盛装，像潮水一样涌向活动场地。参加活动的姑娘背着自己精心绣了一年的背牌，含情脉脉地站在高坡上，小伙子们手挽弓箭，站在坡下，跃跃欲试。中午时分，铜锣一响，射背牌开始。小伙子手拿特制的钝头竹箭，缓缓地拉开弓弦，只听得"嗖嗖嗖"的箭哨声，一支支利箭飞向预定的背牌。男女双方都为竹箭射中背牌而狂欢跳跃，每射中一箭，围观的人们便发出一阵欢呼。

射中背牌过后，活动并没有完结。被射中背牌的姑

娘如果也看上了射箭的小伙子，两人就算确立了恋爱关系。双方父母都积极支持。随后，女方要送给男方糯米三斗二升，第二天由男方的妹妹去背回。当天男方家要请女方父母、兄妹来吃一餐饭，并留宿一夜，表示双方父母心意。

这说明，"射背牌"活动逐渐变成了苗族青年男女寻找恋爱对象的社会交际活动。

二、祭牛王

苗族"四月八"祭牛王

| "四月八"神龛上的牛神 |

的活动是老百姓农耕生活的直接反映。农耕生活是苗族"四月八"的节日源头，农耕中，牛是人们最重要的助手。所以，祭拜牛王成为这个节日中的一项重要活动。

相传，在远古时期，苗族老百姓以打猎为生，但是人口越来越多，猎物不够，大家都吃不饱，怎么办呢？饿着肚子的人们开始想办法，最后，有人想到了"开荒种粮食"，但是耕田种地

| 湘西苗族"四月八"祭祀牛神 |

｜公交车站上的
牛头银饰｜

｜苗寨中的小
店铺｜

仅凭人的双手是远远不够的，还需要更加强壮的劳动力。这个时候，牛神下凡变成了耕牛，耕牛是上天的恩赐。牛王落地，成了人们农耕生产中最为重要的依靠。

耕牛在人们的生产中如此重要，人们敬仰它、祭拜它。耕牛任劳任怨，在它死后，人们十分怀念它的功劳，便封它为"牛王"。有的地方还建立牛王庙供奉它。苗家人纪念它的好处，就把它

| 苗鼓上的牛头 |

的角保存下来，打磨得光滑发亮，有的还在上面雕龙刻凤，用来装酒敬客。人们不仅敬仰过世的牛王，也同样爱护它的子孙。在"四月八"这天，每家每户用染饭叶（一

种树叶）把糍粑染成紫色，先是拿来供奉在神龛上给牛王做寿，叫作"祭牛王"。然后老年人在牛的两角挂上紫糍粑，并用染饭叶擦洗牛的全身，以驱邪除病。这天农事就算再忙都不许拉牛劳役，而且要备加珍爱，不许乱打牛。一到中午，各家各户都吩咐小孩子提着饭篮子，把牛牵往青草茂密的高

| 穿上节日盛装的耕牛 |

｜为"四月
八"准备苗
鼓的苗族老
人们｜

｜祭坛｜

山上放牧。

在贵州黄平地区，每到这天，人们都放牛休息，并煮稀饭吃，用节约口粮来表示对牛的敬意。苗家"四月八"吃牛稀饭就是这样来的，至今都还称"飞云涯嘟嘎讲略哩"（苗语的吃牛稀饭）。

耕牛在"四月八"中，

| 担着黑米饭的苗族小伙子 |

成为神圣的"牛王"，成为祭拜的对象，它受到历代苗族人们的敬仰，寄托了老百姓对丰衣足食生活的美好寄托和愿望。人们过"四月八"，祭祀牛王，希望在生产劳动中能得到牛神的保佑。同时，人和牛在节日期间都得到休息，在紧张的劳动之余，人们的身心得到调节、放松，就有更多的力气去耕田种地了。

三、吃黑米饭

节日当中我们都要吃一顿大餐，苗族"四月八"中人们为了表示庆祝也会做出各种好吃的食物，人们总是带着欢乐的心情制作和享用这些食物。其中有一种最特别的食物，当地老百姓称它为"黑米饭"，又叫"乌米饭""花糯饭"。那么这种美味的食物是怎么制作的呢？走近苗家的灶台，你能看见这样一个有趣的过程：

在做"黑米饭"之前，苗家的姑娘要先上山去采摘枫树的树叶，然后她们把这些树叶舂烂，用水浸泡出汁液，滤去渣，再用汁水浸泡糯米。一夜后，把米倒入箩箕滤水，再放入甑子蒸熟，最后变成乌黑发亮、香气扑鼻的"黑米饭"。因此，在黔东南和黔南有些苗族人又将"四月八"称为"黑饭节"。如果四月八前后下雨的话，就叫"黑饭雨"。

人们在吃"黑米饭"的时候，往往会想起过去的事情，那么过去发生了什么事情呢？

从前，苗族的祖先翻山越岭、跋山涉水，历尽重重

| 香喷喷的黑米饭 |

艰难险阻来到现在居住的地方，当时这里的自然环境非常恶劣，到处是高高的山岭和一望无际的大森林。由于人们刚刚到这里，粮食收成不多，常常处在饥寒交迫的困境中。

有一年，由于久旱不雨，直到农历四月初八还没有水

来打田撒秧。这年，田地里的庄稼颗粒无收，才入冬，许多村寨就接二连三地发生了饥荒，野果、树叶树皮等都被采来吃了，死的人也越来越多。

第二年春天，花开了，草也长出来了，各种能充饥的树叶又重新发芽变青。在农历四月八这天，人们吃了用枫香树叶做成的枫叶粑，挨过了饥荒，幸存了下来。"枫叶粑"成了饥荒中苗族人的"救命饭"。

"黑米饭"成了饥荒中苗族人的"救命饭"。中华人民共和国成立后，老百姓过上了丰衣足食的日子，老百姓只是在"四月八"这天才吃"黑米饭"，它变成一种特殊的节日食物。人们为了纪念那段艰苦的日子，每

逢"四月八"，他们就到山上去把黄芭花、枫树叶摘来，并将它们过滤来浸泡糯米，蒸成"黑米饭"，一人一团带到山上去吃。

在湖南绥宁苗族自治县，当地的老百姓也吃"黑米饭"，他们是为了纪念战争中的苗族女性英雄。当地有传说讲宋代杨家将的后人杨文广到南方打仗，兵败广西柳州，被敌军俘虏，关在柳州地牢里。妹妹杨金花去给哥哥送饭，每次都被狱卒抢着吃了。眼看哥哥多日未能进食，杨金花又气又恨又伤心。怎样才能让哥哥吃上一顿饱饭呢？杨金花想啊想啊，可她实在想不出什么好办法来。

几个在柳州卖山货的生意人把这个消息带回了绥宁

家乡，黄桑坪的苗家姑娘宜娘知道后，心急如焚。宜娘是个聪明能干的山里姑娘，又有一身好武艺。她马上约上几个姐妹，赶往柳州城帮助杨家兄妹。她们日夜兼程，走了三天三夜，走到柳州城时，脚板都走烂了。当听说狱卒要抢饭吃时，她马上想起山里有一种叫老茶叶的植物，能吃，可榨出的水却是墨黑的，如果用它煮成黑饭，不知道的人肯定不敢吃。于是，她立即采来一篓子老茶叶叶子，榨出汁液，煮了满满一鼎罐糯米饭，然后用竹篮装上，篮底藏了一张字条和一把柳叶刀，暗示杨文广吃饱饭后杀出牢笼。

四月初八这天，她们把饭送到牢房时，狱卒们又一齐围拢过来。当他们打开篮子一看，见饭是墨黑墨黑的，果然不敢吃，只好同意把饭送给杨文广。

吃完黑饭后，杨文广浑身有了力气，他用力挣断枷锁，拿起柳叶刀像猛虎一样锐不可当，杀出地牢，很快与杨金花率领的援兵会合，攻占了柳州城。

打了胜仗后，宜娘在柳州城头射出一箭，向家乡报告胜利的消息。箭穿山越岭，把一座座山都射穿了，最后落在绥宁县西河桥下。至今，还隐约可见插在河边石缝里的半截箭杆。随后，宜娘跟随杨文广和杨金花东征西战，转战南北，最后战死沙场。

从此以后，每年的这一天，杨姓的人家要把出嫁了的姑娘接到家里吃"黑米饭"。苗族同胞聚集在一起，喝烧米酒，吃黑米饭，载歌载舞，庆祝自己的节日，青年男女互对情歌，双方中意者结成终身伴侣。此习俗代代相传沿袭至今。这天，身着节日盛装的苗家人载歌载舞，欢庆自己的节日。在吃"黑米饭"之前，人们要举行庄重的祭拜祖先的仪式。吃了"黑米饭"以后，大家就开展各种各样的节日活动，逗春牛、祭狗、赛爬藤、铜钱舞等，精彩纷呈，让人目不暇接。

在苗族四月八黑米饭的制作过程中，非常重要的一种配料就是黑色的植物汁液，这种黑色的汁液与苗族古老的文化记忆相关。历史上，苗族是只有语言没有文字的民族，苗族为什么没有

文字呢？老百姓在民间传说中是这样解释的：

相传很早以前，苗家和客家一样拥有自己的文字，也能记载事理，传递信息。到了跋山涉水、沿河西迁的那阵子，客家把文字揣在怀里，随用随掏。苗家把文字藏在船底，等找到好地方再取来用。一天，他们来到了西南的一个地方，正是农历四月初八的前一天。天上忽然浓云密布，风雷滚滚，顷刻间下了瓢泼大雨。谷仓大的浪头从河的上游翻滚下来，苗家的先人们只顾同洪水搏斗，忘记了收拾船底的文字。忽然一个大浪冲下来，苗家的柚木树船驾驶不稳，船底被礁石划破，船翻了。苗家先人只顾泅水逃命，可惜老祖宗们用心血造就的文

字，就这样被无情的洪水吞没了。

原来苗族本来也有文字，只是因为苗家先人的疏忽，在自然灾难中文字被遗失。自然灾难造成了文化灾难。从这个故事中可以看出：人们对于本民族文化现状的不满，以及对先进文化的倾慕心理。

抱着这种心理，人们开始寻找文字的秘密。他们看见客家人用羊毛扎成笔，蘸一种黑漆漆的水，写画在竹片和皮张上。他们成群结队地上山野去寻找这种黑水。找啊找啊，寻遍了各种草叶树皮，都没有找到理想的黑水。

人们认为文字的秘密在于黑色的水，黑水成了文字产生的关键因素。人们到处寻找黑水，最终从自然中的动植物身上获得了启示，找到了黑水。这个过程十分神奇。传说，一天他们来到一片沼泽地，无意中看到一群野猪攀折许多树枝泡在水坑里。当中有一枝杈把一个小水坑染得黑黝黝的。他们顿时喜出望外，忙用手把黑水捧起来，如饥似渴地吞下。说也奇怪，苗家的先人们吞下这种黑水以后，老祖宗创造的文字竟然隐约回忆起来，但不能全部写出来。

喝下黑水后，苗族人们记起了文字，苗族女子在挑花绣朵中，慢慢回忆，互相拼凑，把一些被水吞没的文字挑绣在衣服的领口、袖口、腰间和背上，以便永远保存。

黑水可以让人聪明，糯米饭可以填饱肚子，他们把洁白的糯米倒入黑水里浸泡，蒸出来的饭又黑又香。人们吃着香喷喷的黑米饭，又想起四月八日这天的灾难来。于是商定在四月八日这天，大家都吃黑糯米饭，以作永久的纪念。

黑米饭制作过程中的黑水和写字用的墨水是一样的颜色，苗族人们展开了联想，通过民间传说讲述了本民族文字失而复得的过程，并将这段关于民族文化的古老记

忆附着在了节日的食物之中，黑米饭因此不仅是物质食粮，更是苗族人们的精神食粮。

四、各项娱乐活动

"四月八"就像一个大舞台，来自不同地方的人们纷纷登上这个舞台，带来各种各样的节目。

1. 爬山

在黔东南麻江县的隆昌，苗族人们在"四月八"这一天从四面八方爬到一个山坡上，在这里吹笙跳月，纵情歌唱，纪念开辟田地的祖先。传说有王家和养共两家人为了一块土地争持不下，差点打起仗来，在仙人的调停之下，两家人想出了射箭比赛的方法。

两家人信服了仙人的劝告，各自带着弓箭，爬上

| 苗族服饰——绣在衣服上的文字 |

一个隆起的山地，拈弓射箭，以各自射程的远近来划分地盘。

王家兄弟是武将出身，三兄弟推老大出来比箭法，老大看准地盘，一箭射去，把南面的三里平地射通了。养共是猎人出身，也望准地盘，一箭射出把北面的三里洼地射通了。于是两家各在南北两块地开垦种地。

传说苗族村寨的土地是祖先用弓箭射来的，苗家祖先在仙人的帮助下，采用射箭比赛的和平方式获得土地，使得后代可以和平相处，通过辛勤劳作，过上幸福的生活。

许多年后，两家开垦的田地都种上了水稻和苞谷，

| 苗寨一角 |

| 绿树环绕、繁花似锦的"四月八"跳花场 |

年年丰收，子孙安康。而且两家都发展成两三个大寨，开亲结戚，友好往来。

有一年，两家在原来射箭的那个山坡祭扫发箭占地盘的王老大和养共，在饮酒唱歌中，才慢慢回忆起两位先人发箭的时间是农历的四月初八。于是就在那里埋岩立石，栽上松柏，决定以这天为祭祀祖先发箭开荒的纪念日。

当地人们欢庆"四月八"节日，共同纪念祖先的功绩，维系村寨间的和平。

2.芦笙舞

芦笙是苗族人重要的乐器，是苗族文化的象征。可以说，在苗族地区只要有歌舞的地方，就有芦笙。芦笙舞不仅用于苗族老百姓的婚迎嫁娶、过年过节等喜庆场合，而且还普遍用于祭祀、丧葬、男女青年互诉衷肠等场合。"四月八"作为一个重大节日，其中自然少不了芦笙歌舞。节日期间，人们在不同的场合会吹奏不同类型的乐曲，这些乐曲大致有以下几种：

第一，邀请姑娘踩芦笙的乐曲（苗语叫"多拜酿"）。过年过节，芦笙队在芦笙堂邀请姑娘来跳舞时吹奏此种乐曲，姑娘听到"多拜酿"就赶紧换上崭新的节日盛装来到芦笙堂与芦笙队的小伙子一同欢舞。

第二，"游方"调（苗语叫"戈闹弄"）。当甲寨的芦笙队到乙寨吹奏芦笙时，看见美丽的姑娘就吹"游方"调，主要意思是表示与姑娘亲昵。

第三，讨花带（苗语叫"戈筛朔"）。当一个寨的芦笙队到另一个寨去吹芦笙

| 美丽的苗族姑娘 |

| "四月八"中的芦笙舞 |

| "四月八"中的锦鸡舞 |

至深夜时，就可以吹奏向姑娘们讨花带的乐曲，姑娘们听后，就商量送给谁，确定后就将花带系在好朋友的芦笙上。

第四，互相询问（苗语叫"欧根那多乃"）。年节时芦笙手往往到另一寨子的芦笙队中参加吹奏。如主人和客人互不相识，就以吹芦笙来交流对话。内容大致是问客人从哪里来，你们来此同谁玩等等。客人也用芦笙来回答。

这些芦笙曲调衬托了"四月八"节日的欢乐气氛，成为节日中青年男女交往的重要手段。因此，只要芦笙响起，就预示着节日高潮的来临，优美的芦笙舞让人过目难忘。在优美动听的芦笙舞曲声中，男女青年翩翩起舞。芦笙舞曲奇妙难言，声音婉转悠扬，既像百灵欢歌，

| 独具特色的苗族房屋 |

更似夜莺啼鸣；时而使你如临流水潺潺的小溪之畔，时而又使你如至风急雨骤的大江之滨；时而把你带进金涛奔涌的田野，时而又将你引入似静非静的山林。从清晨到深夜，贵阳喷水池一带人头攒动，摩肩接踵，歌舞不息，热闹非凡，喜气洋洋，各族人民与苗族同胞共享节日的欢乐，这里是一片欢乐的海洋。

在"四月八"，芦笙舞不仅为节日增添了浪漫的气氛和艺术色彩，更将它推向了欢乐的高潮。

3. 歌谣

苗族人民历来是歌舞不分家的，在"四月八"的节日气氛中，欢乐的人们会不由自主地歌唱起来。

首先，人们会歌唱传说中的英雄。苗族"四月八"中最具代表性的三位英雄都在歌谣中出现，人们这样歌唱英雄格波绿：

格波绿老人，
领着众子孙，
把恶刺砍倒，
把茅草铲平，
摆在太阳底下晒，
点火烧得映天明。
格波绿老人，
砍来树丫叉，
割来长茅草，

砌墙把屋搭，

让子孙有个住处，

叫子孙们先安个家，

领着子孙开田拓土，

领着子孙种庄稼。

他是一位开创基业的英雄祖先，他带领苗族人建立了自己的家园。

接下来，人们歌唱另一位苗家英雄——祖德龙：

祖德龙见了老虎，

气得喉咙冒火烟，

他运足力气，

挥刀对着猛虎砍，

"咔嚓"一声响，

震得楼房打颤颤，

从头到尾巴，

把虎劈成两半。

他是一位打虎英雄，勇猛无比，令人赞叹。

祖德龙来到北门，

骑在马上察敌情，

"呼"地抽出钢刀一指，

带领人马就攻城。

| "四月八"中苗族姑娘唱情歌 |

祖德龙骑在马上，
用刀把箭矢遮挡。
来到城下猛一踩，
一脚踢垮了城墙。
祖德龙好比猛虎下山岗，
带领人马往前闯。
他挥舞钢刀左右劈，
头落就如滚瓜样。
敌人的鲜血四处溅，
沾湿了他的衣裳。
敌人碰上他的钢刀，
一个个成了肉酱。

他又是一位战争英雄，
有勇有谋，令人景仰。

在邻近贵州的湘西苗族地区也出现了一位著名的苗族英雄，名叫亚宜，在"四月八"节日中，当地的人们这样歌唱他：

苗家住在黄河边，
逃难来到苗山上。
官家逞凶抢苗女，
后生飞刀斩虎狼。
官家增兵千千万，

| "四月八"
中的锦鸡舞 |

英雄遗恨万年长。

从此每逢四月八，

跳花赛歌增花样。

先斟美酒祭英雄，

再看后生会姑娘。

英雄亚宜带领苗族人反抗封建统治者的压迫，成为一位了不起的英雄。

然后，人们会歌唱自己的坚贞爱情，我们看下面的这首《射背牌歌》：

是谁先兴射背牌？

地利、地衣是先行。

我们两个情意好，

却不能共命运同生存。

我们从此丢了心，

描射背牌来作证。

这是一首描写苗族"四月八"射背牌活动的民间歌谣，歌中以苗家先人赞地利、俄地衣的坚贞爱情来鼓励情侣勇敢面对爱情，表达了苗族人对爱情至死不渝的美好品德。

最后，人们还会歌唱美好的生活。"四月八"是苗族人盛大的节日，在整个活动当中，人们会借用歌谣抒发和交流欢度这节日的喜悦之情：

祖先啊，

请放心，

你看看我们苗家姑娘，

一个个赛过金花银花。

你看看我们苗家后生，

一个个气饱力壮赛铁塔。

祖先啊，

请放心，

你看看我们苗家儿女，

一个个多么勤恳，

粮食堆满仓，

日子甜蜜蜜。

歌谣是对祖先的承诺，同时也是对苗家儿女的赞美，对美好生活的期盼。除此以外，更有对苗族"四月八"盛况的直接歌颂，如著名苗族歌手吴凤满在神话长歌《翡翠鸟》第二章《四月八跳花》中唱道：

"四月八"琵琶黄，
万里苗山歌声扬。
满山松竹点头笑，
人流滚滚进花场。
花场设在龙塘畔，
椿树坳下山沟长。
花场筑在沟中间，
花树栽在台中央。
青布伞，绣花鞋，
"凤冠""苏山"响叮当。
五彩花边青丝帕，
逗来几多好儿郎。

姑娘跳花燕剪雨，
后生跳花鹰翱翔。
台上翩翩台下舞，
男男女女喜洋洋。
万把芦笙伴苗歌，
千声唢呐绕山梁。
花鼓咚咚撩人心，
一片欢声遍龙塘。
歌师附耳歌声传，
阿妹念意声嘹亮。

歌谣唱到了节日的场地，唱到了美丽的姑娘、俊俏的后生，唱到悦耳的乐器，唱出了"四月八"空前的盛况，唱出了苗族人幸福美满的生活。

「四月八」的变化

| "四月八"的变化 |

"四月八"和苗族老百姓的生活紧紧联系在一起，生活习惯发生变化，"四月八"就会出现变化。一个苗族老阿妈在年轻的时候经历的"四月八"和现在她孩子们参加的"四月八"可能有些不一样；在同一座山里，山下苗寨的"四月八"可能与山上苗寨的"四月八"内容有一些差别。也就是说，"四月八"会随着时间、地点的变化发生改变。

早期的"四月八"对耕田种地的农民而言是十分重要的日子。据说很早以前人们不懂得按时种田，经常收不到粮食，后来，老人们看天行事，发现插秧播种最迟不超过农历四月初八，开秧门栽秧最早也不能超过这一天，如果违背了，谷穗就会枯干、瘪壳，粮食就会歉收。"四月八"是农民农事活动

| "四月八"中苗族传统表演"上刀梯" |

中关键的一天，它决定着当年的粮食收成。所以在"四月八"活动中，出现了"牛王"的传说和祭祀"牛王"的活动。

传说随着农业技术的发展，人们越来越重视土地，然而苗族人民生活的地区山多地少，有些人就开始抢夺、霸占老百姓的土地，甚至为了土地发动战争，由此就出现了反映争夺土地的"战争"传说。在传说中勤劳、朴实的农民成了保卫家乡土地、奋起反抗恶势力的英雄。在因土地而引起的战争中，很多英雄牺牲了自己的生命。为了纪念他们的功绩，人们在"四月八"举行各种活动。

随着生产的进一步发展，人们的生活变得丰富多彩，他们在"四月八"节日中增添了更多的活动，如吃黑米饭、射背牌、爬山、跳芦笙舞等。现在，"四月八"出现了更多符合今天人们生活的文艺表演。成千上万的苗族男女穿上民族节日的盛装，从四面八方涌入活动现场，祭天地、祭祖先、祭英雄、祭神灵，唱山歌、跳苗家舞蹈。同时还有傩戏、狮子舞、赛歌等民间文艺表演。苗绣展示、趣味猜谜、河道抢鸭子、稻田徒手捉鱼等活动也一一开展起来。

当你走过许多苗寨时，就会发现人们的食物、穿的衣服等生活习俗并不是完全一样。所以，这些寨子举办的"四月八"也可能有些不一样。在贵州贵阳地区和湘黔交界的松桃、湘西地区，各地的"四月八"节日中就有着各自鲜明的地方特色。

如"四月八"是纪念苗族英雄的节日，英雄就有不同的名字：第一位英雄格波绿，在不同的地方传说中又被称为亚努、杨鲁、央鲁、杨洛、古波养六、古波善六等；第二位英雄祖德龙，又被称为罗德仲、诺德冗、苗底沟、祝迪龙、德龙路柔、热敌栋、黑人菁、黑羊菁等。地方变化了，同一个英雄以不同的名字出现在各地的民间传说中。除了英雄的名号众多以外，湘西地区的英雄和贵州地区的英雄也有性质上的区别，正如前面故事中讲到的那样，湘西地区的苗族英雄——亚宜，他反抗的是当时的"官家"，是一个反抗封建压迫的英雄；贵州

地区的英雄是部落战争中出现的部落首领，是一个保卫土地的英雄。所以，地方变化了，英雄的名字就跟着变化，英雄的事迹也不一样，一个英雄也就成了各地老百姓口中的千千万万个英雄。

各地苗族"四月八"，祭祀"牛王"是共同的内容，但是不同的地区，耕牛的作用是不一样的，老百姓对待耕牛的态度也有了差别。在苗族地区，以贵州中西部和安顺、紫云地区的苗族老百姓节日活动内容最丰富，对待耕牛最为体贴。这一天，当地的人们不仅给自家的牛儿放假一天，让牛休息，还要给它洗澡，用枫香叶煮水洗牛身，把牛打扮得漂漂亮亮，做好香喷喷的花糯米饭，先取出一团给牛儿吃，再取

出一团包牛角，然后把牛牵到河边喝水。据说当牛儿喝水时，从河水的倒影中看到自己角上的糯米饭，会格外高兴，因为它知道这是人们在犒劳自己。

节日里，苗族人都要吃糯米饭，但是糯米饭的颜色也因为地方的不同而变化，常见的是黑色的饭，用生长在山野的一种"黑叶树"的汁液浸泡糯米蒸煮而成，因而叫"黑米饭"或"乌米饭"；但是在贵州都匀、三都交界一带，人们改用黄芭花、枫树叶的汁液来浸泡糯米，所以蒸煮出来的饭呈几种颜色，又称"花糯米饭"。

此外，黔东南麻江县的隆昌苗族"四月八"的"爬山"，贵州贵阳高坡苗族的"射背牌"也呈现出强烈的地方文化特色。

将来，苗族人民的生活会越来越好，"四月八"的内容也会越来越丰富。它将成为我们国家民族节日大观园中一道更加亮丽的风景。

图书在版编目（CIP）数据

苗族四月八 / 彭书跃编著. -- 哈尔滨：黑龙江少年儿童出版社，2017.12（2021.8 重印）
（记住乡愁：留给孩子们的中国民俗文化 / 刘魁立主编）
ISBN 978-7-5319-5615-0

Ⅰ．①苗… Ⅱ．①彭… Ⅲ．①苗族－民族节日－中国－青少年读物 Ⅳ．①K892.1-49

中国版本图书馆CIP数据核字(2017)第328190号

记住乡愁——留给孩子们的中国民俗文化
苗族四月八 MIAOZU SIYUEBA

刘魁立◎主编

彭书跃◎编著

出版人：	商　亮	
项目策划：	张立新　刘伟波	
项目统筹：	华　汉	
责任编辑：	李　昶	
整体设计：	文思天纵	
责任印制：	李　妍　王　刚	
出版发行：	黑龙江少年儿童出版社	

（黑龙江省哈尔滨市南岗区宣庆小区8号楼 150090）

网　　址：	www.lsbook.com.cn
经　　销：	全国新华书店
印　　装：	北京一鑫印务有限责任公司
开　　本：	787 mm×1092 mm　1/16
印　　张：	5
字　　数：	50千
书　　号：	ISBN 978-7-5319-5615-0
版　　次：	2017年12月第1版
印　　次：	2021年8月第3次印刷
定　　价：	35.00元